CHAMBRE DES EXPERTS

DU

DÉPARTEMENT DE MAINE-ET-LOIRE

RECUEIL DES DÉCISIONS

PRISES EN

ASSEMBLÉES GÉNÉRALES

DEPUIS

le 3 février 1888 au 11 novembre 1907

ANGERS

GERMAIN & G. GRASSIN, IMPRIMEURS-ÉDITEURS

40, rue du Cornet et rue Saint-Laud

—

1908

CHAMBRE DES EXPERTS

DU

DÉPARTEMENT DE MAINE-ET-LOIRE

RECUEIL DES DÉCISIONS

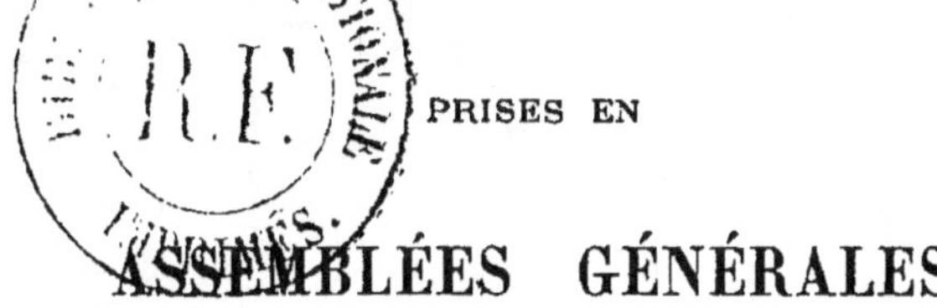

PRISES EN

ASSEMBLÉES GÉNÉRALES

DEPUIS

le 3 février 1888 au 11 novembre 1907

ANGERS

GERMAIN & G. GRASSIN, IMPRIMEURS-ÉDITEURS

40, rue du Cornet et rue Saint-Laud

1908

RECUEIL DES DÉCISIONS

prises en Assemblées générales

depuis le 3 février 1888 au 11 novembre 1907

Accidents. — Il paraît prudent de conseiller aux cultivateurs de s'assurer à une Compagnie sérieuse contre les accidents pouvant survenir dans les exploitations. *11 décembre 1901.*

Affaires proposées à plusieurs experts. — Il serait déloyal de la part d'un expert d'accepter, au-dessous du tarif, une affaire pour laquelle un collègue a été précédemment en pourparlers (lorsque celui-là aurait eu connaissance de ces pourparlers). *10 février 1889.*

Abstention à une réunion de la Chambre. — Le fait de la concordance d'une foire ou marché important avec une réunion de notre chambre est une excuse suffisante pour autoriser l'expert, habitant la localité où se tient cette foire ou ce marché, à s'abstenir d'assister à cette réunion, mais sous la condition expresse d'en aviser le président, faute de quoi l'amende serait néanmoins applicable. *11 novembre 1892.*

*

Alignement. — Les réparations aux toitures ne sont pas considérées au nombre de celles prescrites en cas de retrait par voie d'alignement *(Cons. État 1882-1886 ; Cass. 1858-1862). 24 juin 1905.*

Améliorations. — Il serait à désirer qu'en fin de bail on tint compte au fermier sortant des améliorations qu'il a pu faire sur sa métairie, principalement en déduction des indemnités qu'il peut devoir *(à l'appui voir Cass., 8 mai 1877). 10 novembre 1888. 10 février 1889.*

— Dans le cas où les améliorations dépasseraient les indemnités dues, les experts devraient engager le propriétaire à en tenir compte au fermier sortant. *10 novembre 1888, 10 février 1889.*

— Un fermier ne peut lors de sa sortie réclamer le remboursement de la main-d'œuvre de pavage qu'il aurait payée, lorsque surtout le propiétaire a fourni les matériaux. *9 juin 1898.*

Arbres. — L'acquéreur d'une parcelle de terrain, joignant le surplus de la propriété du vendeur, n'a pas le droit de réclamer l'abattage d'arbres qui ne sont pas plantés à la distance légale de sa limite, sur le terrain du vendeur, si, dans l'acte de vente, aucune mention n'est faite à cet égard ; le droit de les conserver résulte de la destination du père de famille. famille. *28 mai 1891.*

Arbres bordant un chemin rural. — Les arbres plantés le long d'un chemin rural sur le bord du fossé opposé au talus, appartiennent aux propriétaires riverains *(Trib. de Baugé). 4 août 1888.*

Arbres (abattage). — L'acquéreur d'un lot de bois sur pied n'est pas tenu à déraciner les arbres si cette obligation ne lui a pas été imposée par le vendeur. *4 juin 1896.*

— Un usufruitier peut abattre les arbres compris dans la classification d'arbres à abats-périodiques, quand ils sont arrivés à maturité, tels que : sapins, peupliers.

L'éclaircissage des sapins est une obligation d'entretien. *11 novembre 1904.*

Artichauts. — Un fermier sortant ne peut, dans l'année de sa sortie, détruire les artichauts qui existent sur sa ferme, ils profitent au fermier entrant sans indemnité. *11 novembre 1892.*

Asperges. — Un fermier sortant ne doit pas détruire une plantation d'asperges dont il a fait la récolte, sauf au fermier entrant à venir faire tous travaux qui suivront cette récolte. *11 décembre 1901.*

Avoine. — L'avoine semée au printemps ne peut être assimilée aux grands blés (céréales d'hiver). *11 novembre 1896.*

— L'avoine semée à l'automne et récoltée à graines doit être assimilée aux céréales d'hiver. *11 novembre 1896.*

— L'avoine d'hiver est comprise dans le tiers à ensemencer en céréales d'hiver, excepté dans les cantons de Saumur où elle est considérée comme menus, pourvu que son étendue ne dépasse pas le tiers des terres qu'ils peuvent occuper (dans les arrondissements d'Angers et de Segré l'avoine de printemps doit fournir aux besoins de la ferme). *4 août, 10 novembre 1888, 11 novembre 1889.*

— A moins que les usages locaux ne s'y opposent, les avoines d'hiver ne doivent pas, en cours de bail, être comprises dans le tiers à ensemencer en grands blés. *11 novembre 1891.*

Assolement. — Voir : *Luzerne. 10 novemére 1894.*

Bail. — Le fait par un propriétaire d'avoir fourni sa part de graines de trèfle à son fermier pour les semer dans un champ loué à moitié fruits, en terre volante, avant l'époque ordinaire fixée pour les congés, implique un consentement de jouissance pour au moins une année en plus.

Le propriétaire ne peut donc plus signifier congé pour la fin de l'année en cours. *15 juin 1900.*

Barge de fourrages ou de bois. — En l'absence de règlements municipaux, il n'y a pas de distance légale à observer, à l'égard d'une propriété voisine, pour établir une barge de fourrages ou de bois. *17 juin 1897.*

Barrières. — Quelque soit le temps écoulé entre le moment où il a fait faire à ses frais une barrière et l'époque de sa sortie de la ferme, un fermier ne peut réclamer à son propriétaire le prix de la façon de cette barrière dont d'ailleurs le propriétaire a fourni le bois.

Et un fermier ne peut à sa sortie remplacer par des claies ou barrières de moindre valeur celles qui existaient précédemment bien qu'elles soient suffisantes comme clôture. *11 novembre 1897.*

Betteraves. — Voir : *Plantes fourragères. 15 juin 1892.*

Blancs au lait de chaux. — L'obligation, pour un locataire, de blanchir ses appartements ne peut être limitée à une couche, mais ne peut en dépasser deux, suivant l'état de propreté. *11 novembre 1896*

Bois émondables (ormeau). — Dans le canton Nord-Ouest d'Angers, on ne peut, malgré l'article ii des usages de ce canton, prétendre que l'émonde de l'ormeau doit être faite à neuf ans. *31 mai 1888.*

— Un fermier ne peut, après sa sortie, abattre sur les lieux qu'il a quittés aucun arbre émondable ou taillis, sauf à être indemnisé, s'il y a lieu, des sèves dont il n'aurait pas profité; excepté (si un bail ne le lui interdit pas) dans les cantons de Saint-Florent, Chemillé, Montrevault. *10 novembre 1888.*

— Si par suite d'entente le fermier sortant a renoncé à l'année de recours, il n'a plus droit à l'émondage du bois après sa sortie; émondage que, sans cette renonciation, il aurait pu faire dans le canton de Chemillé. *10 février 1889.*

— Un fermier a le droit de couper les branches poussant sur cépées, même lorsque son bail l'oblige à élever à haute tige tous les jeunes arbres. Il les coupera avec les épines, quelle qu'en soit l'essence, si elles sont isolées dans les haies; au contraire, il les coupera comme les bois émondables, conformément aux usages, si elles dominent. *20 mai 1894.*

Boire. — Le curage d'une boire ou fossé qui n'a pas été nettoyée depuis vingt ans ne peut être à la charge du fermier. C'est au propriétaire ou à l'usufruitier qu'il incombe *(Voir entretien). 10 novembre 1894.*

Bornage. — Pour le bornage d'un fossé, l'expert chargé d'y procéder doit d'abord rechercher la largeur originaire; la largeur moyenne indiquée par les usages n'étant à appliquer qu'au cas d'impossibilité pour déterminer celle-là. *28 mai 1891.*

Chanvre. — Les déchets de chanvre appartiennent au fermier sortant qui peut les enlever en quittant la ferme. *11 novembre 1892.*

Chemins ruraux. — Les fossés bordant les vieux chemins ruraux appartiennent aux propriétaires riverains, même quand les talus sont du côté du chemin, si le propriétaire a joui de l'un et de l'autre *(Tribunal d'Angers, Saumur 21 juillet 1894).* Cette règle doit fléchir quand le chemin rural est un ancien chemin vicinal déclassé. *4 août 1888.*

— Le propriétaire du fossé d'un chemin rural a le droit de se clore, en renfermant son fossé par un treillage en fil de fer notamment. *11 novembre 1895.*

Cheminée. — Un propriétaire est tenu à faire le nécessaire pour empêcher les cheminées de fumer, même dans une ferme. *5 juin 1890.*

— Le co-propriétaire d'un mur mitoyen peut pratiquer un encastrement à mi-mur, pour y établir une cheminée, en se conformant à l'art. 672, Code civil. *11 novembre 1892.*

Cheptel. — Dans le département de Maine-et-Loire un cheptel vif comprend tous les animaux soumis au partage. *11 novembre 1903.*

Choux. — En principe tout fermier entrant pourra piquer des choux, sauf par lui à payer des indemnités dans les cantons où cette faculté n'était pas accordée avant ce jour. *5 juin 1890.*

— Dans ce cas les indemnités ne peuvent être supérieures au fermage augmenté des impôts, si le fermier sortant les paie; et le fermier entrant ne peut exiger plus du dixième des terres labourables. *11 novembre 1891.*

— Lorsque la majeure partie d'une ferme a été convertie en prairies naturelles (avec autorisation du propriétaire), c'est le douzième des terres restant cultivables que le fermier entrant peut mettre en choux *(canton Nord-Ouest d'Angers)* et il peut en prendre possession en mars. *28 mai 1891.*

— On plante habituellement 15 à 17.000 choux par hectare.

— *Valeur* : en corps de ferme, on peut prendre comme base qu'un hectare de choux équivaut, en valeur, à 10.000 kilos de foin, avec un maximum de 5oo francs.

— Pour quelques pieds isolés, notamment dans le cas de préjudice occasionné par les bestiaux des voisins, la valeur ne peut être portée à plus de dix centimes le pied. *11 novembre 1895.*

— Le premier labour pour la plantation des choux doit toujours avoir été fait au 15 mars au plus tard; le fermier sortant doit donc laisser au fermier entrant la faculté de l'avoir effectué à cette date. *1er juin 1899.*

Clôtures. — Un fermier qui, avec l'autorisation du propriétaire, a modifié la composition de sa ferme, en établissant de nouvelles haies, ne peut pas, en fin de bail, faire valoir ces travaux comme améliorations pour venir en déduction des indemnités qu'il peu devoir. *4 août 1888.*

Clôture forcée. — Voir : *Mitoyenneté. 28 mai 1891*.

Colonie partiaire. — Un fermier à moitié ne peut se refuser à exécuter un ordre du propriétaire, à moins de préjudice pour lui. *5 août 1889.*

— Les pommes de terre, non consommées en fin de bail, sont partagées par moitié entre le colon sortant et le propriétaire. *5 août 1889.*

— Voir : *Labours, 5 juin 1890.*

— Le bailleur d'une ferme à colonie partiaire s'étant réservé la propriété d'un cheval (le seul existant sur la ferme) pour faire tous charrois et labours, en imposant à son colon l'obligation de le soigner et nourrir, devrait, néanmoins, payer seul l'avoine que le colon aurait achetée pour donner comme supplément à ce cheval quand le propriétaire le fait travailler. L'obligation de nourrir ne pouvant viser que les fourrages récoltés sur la ferme. *10 novembre 1894.*

— Le propriétaire doit contribuer pour moitié dans la nourriture des animaux ; même quand il serait dit dans le bail : « Les porcs seront achetés d'un « commun accord à frais communs et *nourris par le* « *preneur*. Le prix de leur revente sera partagé par « moitié. » *10 novembre 1894.*

— Le propriétaire d'une exploitation à moitié fruits a la direction absolue de cette exploitation ; il détermine le genre des cultures, la nature des semences, la forme des labours.

Il ne peut, en conséquence, à la sortie de son fermier rien réclamer pour engrais que celui-ci, notamment, n'aurait pas mis, dès lors que le propriétaire n'en avait pas donné l'ordre. *11 novembre 1897.*

— Une exploitation à moitié est remplacée par un affermement à prix d'argent.

Le propriétaire n'a alors aucun droit à la récolte des graines qui suit la sortie, ni aux froments, ni aux graines de trèfle. *11 novembre 1898.*

— La loi du 18 juillet 1889, art. 6 dit :

« La mort du bailleur de la métairie ne résout pas
« le bail à colonat partiaire, le bail est résolu par la
« mort du preneur, la jouissance des héritiers cesse à
« l'époque consacrée par l'usage des lieux pour l'expi-
« ration des baux annuels. »

Au 31 octobre pour certains cantons.

Au 23 avril pour d'autres.

Mais il appartient aux experts de faire l'impossible pour que ces cessations de jouissance ne se fassent pas aussi strictement, en raison du préjudice énorme qui en pourrait résulter pour le propriétaire. *11 novembre 1899.*

— Un fermier sortant d'une exploitation à colonie partiaire est toléré à se servir des animaux de la ferme pour aller dans sa future exploitation faire les travaux préparatoires d'usage, et ce dans un rayon de deux myriamètres.

A fortiori le propriétaire peut se servir des animaux en vue de la future exploitation de sa ferme. *14 juin 1900. 14 novembre 1900.*

— Il est d'usage constant dans le canton de Seiches que le partage des animaux inutiles à compter du 24 juin dans une exploitation à moitié fruits peut être opéré de suite, au cas de sortie du fermier à la Toussaint suivante. *14 juin 1900.*

Communication à la Chambre. — Les membres de la Chambre sont priés de signaler, à la réunion suivante, toute décision de Tribunaux qu'ils connaîtraient pouvant intéresser les experts, et notamment

**

tout jugement rendu dans une affaire au sujet de laquelle la Chambre aurait été précédemment appelée à donner son avis. *13 juin 1895.*

Constructions élevées par un locataire. — Un locataire qui a élevé des constructions sur le terrain loué, peut exiger, six mois avant sa sortie, que son propriétaire lui fasse connaître s'il a l'intention de les conserver. *15 juin 1892.*

Cotisation. — Tout expert admis comme membre de la Chambre ne paiera pas la cotisation de la première année s'il a subi ses examens après la réunion de la Fête-Dieu. *11 novembre 1891.*

Déchets de récoltes. — Le fermier sortant doit toujours nettoyer ses terres des déchets provenant de ses récoltes, notamment des fanes de pommes de terre. *11 novembre 1892.*

Décisions de la Chambre. — Toutes les décisions prises par la Chambre feront loi pour les règlements entre tous ses membres. *13 février. 31 mai 1888. 17 juin 1897.*

— Il n'y a pas lieu de consulter les juges de paix sur les décisions à prendre par la Chambre. Les experts étant plus spécialement aptes à connaître les questions ayant trait à l'agriculture. *5 juin 1890.*

Démission d'un membre de la Chambre. — En cas de démission, l'expert qui se retire devra continuer sa quote-part dans le loyer, jusqu'à l'expiration du bail en cours ; tous les membres composant la Chambre étant solidaires pour l'exécution du bail. *4 juin 1896.*

Égoût. — Le propriétaire d'une maison qui reçoit l'égoût des toits d'un immeuble contigu devra, s'il veut faire élever le mur mitoyen, payer un droit de surcharge au co-propriétaire de ce mur et faire établir une gouttière, qu'il entretiendra à ses frais, pour emmener les eaux qui auparavant s'écoulaient sur sa propriété. *15 juin 1892.*

Engrais étrangers. — Un propriétaire peut toujours exiger, même en cours de bail, que son fermier satisfasse à l'obligation de mettre des engrais dans ses terres; pour les deux dernières années l'indemnité s'évalue en argent. *4 août 1888.*

— Des foins achetés ou pris en dehors de la ferme doivent être acceptés en compensation d'engrais étrangers. Une charretée de foin de 1.050 kil. consommée sur le lieu équivaut à deux mètres cubes de fumier. *4 août 1888.*

— Un propriétaire peut obliger un colon à moitié fruits à mettre des engrais étrangers, en cours de bail, dans des proportions raisonnables. Mais il ne pourrait l'y obliger en fin de bail, si les usages ruraux sont muets à cet égard. *11 novembre 1889.*

— Les engrais étrangers doivent être employés pour une somme de cinquante francs par hectare. Le fermier qui a manqué à cette obligation doit payer comme indemnité : 1º Pour l'avant-dernière récolte, un tiers de la somme qu'il eût dû dépenser; 2º pour la dernière récolte, la moitié; 3º enfin pour l'année de recours, le quart de la somme à employer (soit la moitié de la part lui incombant). *11 novembre 1891.*

— Voir : *Terres volantes, 4 juin 1896.* Voir : *Fumiers.*

— Les différents engrais doivent être employés en raison de leur valeur intrinsèque, résultant généralement de leur prix.

C'est-à-dire que la valeur des engrais indiqués dans les anciens usages doit servir de base pour leur remplacement par d'autres engrais. *9 juin 1898.*

Engrais chimiques. — Il n'est pas admissible de fumer les terres d'une façon exclusive avec des engrais chimiques ; la pratique démontre que, pour répondre aux exigences des récoltes, il faut mettre des fumiers pour moitié dans la proportion des engrais, bien que 7 à 800 kil. de superphosphate 16/18 plus 150 kil. de nitrate représentent bien *théoriquement*, suivant la chimie agricole, un engrais de valeur suffisante pour un hectare de froment. *13 juin-11 novembre 1895.*

Ensemencés. — L'entrant, dans une ferme du canton de Chalonnes, c'est-à-dire, où le sortant n'est pas autorisé à ensemencer avant sa sortie, peut néanmoins venir faire ses labours aux époques prévues pour le canton de Segré. *4 août 1888.*

— Un propriétaire a le droit, en cours de bail, d'empêcher son fermier d'ensemencer tel champ qui serait en plus de la contenance voulue. Si le propriétaire ne s'en aperçoit qu'après l'ensemencé, le fermier en doit réparation : au moyen d'engrais étrangers, mis sous la surveillance du propriétaire, si c'est en cours de bail ; en payant une indemnité en argent, si c'est en fin de bail. *4 août 1888.*

— Un fermier sortant d'une closerie de sept hectares et demi peut, dans le canton Nord-Ouest d'Angers, ensemencer en froment la moitié de ses terres. *5 juin 1890.*

Excédent. — Le produit en grains de l'excédent d'ensemencé en grands blés de la dernière année de jouissance doit généralement être partagé par moitié entre les fermiers entrant et sortant. *5 juin 1890.*

Excédent. — Un fermier sorti, qui a un excédent d'ensemencé pour son année de recours, doit, comme indemnité, le quart de la récolte en grains dudit excédent. *28 mai 1891.*

Excédent. — Lorsqu'un fermier sortant a des excédents d'ensemencé en redoublement et sans fumure, les trois indemnités sont dues (excédent, redoublement, défaut de fumure), sauf à l'expert à voir s'il n'y a pas lieu à réduction par suite de cette réunion de trois indemnités. *28 mai 1891.*

— Dans le canton des Ponts-de-Cé, un fermier de petite culture peut ensemencer la moitié de ses terres l'année de sa sortie. *15 juin 1892.*

— Un fermier peut remplacer du froment, compromis par la gelée ou tout autre cause, en semant à nouveau des froments, avoines ou orges (avoine d'hiver ou de printemps), et ce sans nouvelle fumure ; il pourrait même semer des blés de printemps au lieu de froment, à la condition de compenser la différence en paille. *15 juin 1892.*

— Un fermier sortant dans la banlieue d'Angers (canton sud-est notamment) habitué à la culture maraîchère, ne peut ensemencer ses terres après le 24 juin qui précède sa sortie ; seul le jardin peut recevoir des ensemencés jusqu'en septembre. *9 juin 1898.*

— En cas d'excédents dans les ensemencés, le fermier entrant vient partager avec son prédécesseur les produits de la récolte.

Cette mesure étant une pénalité contre le fermier sortant qui a commis un abus, le partage doit se faire en faveur du fermier entrant sans que celui-ci ait à tenir compte des semences, ni des travaux quelconques d'ensemencement et de récolte. *10 novembre 1900.*

— L'indemnité doit toujours être telle qu'elle constitue une pénalité.

En cas d'excédent dans le dernier ensemencé il a été décidé que l'indemnité serait égale à la moitié de la récolte; mais quand cet excédent dépasse toutes proportions, par exemple s'il est supérieur au cinquième de la contenance de l'ensemencé normal, l'indemnité devrait être portée aux deux tiers. *11 novembre 1904.*

Épizooties. — En cas d'épizooties les blancs à faire aux habitations, aux étables, etc., incombent au propriétaire, par ce qu'il s'agit d'un cas de force majeure. *6 juin 1901.*

Estimation des taillis. — Dans les estimations de taillis l'expert doit donner, avec les valeurs en capital, l'estimation du sol nu, et, d'une façon distincte, la valeur de la superficie dans une colonne spéciale *11 novembre 1889.*

Entrée en jouissance. — Dans une ferme du canton Nord-Ouest d'Angers, où, exceptionnellement le fermier sortant n'ensemence pas avant sa sortie, le fermier entrant peut prendre possession en mars des terres destinées à être mises en choux, et, pour les autres terres, à compter du 24 juin, au fur et à mesure de l'enlèvement des récoltes, et ce dans la proportion nécessaire à son ensemencé de Toussaint. *28 mai 1891.*

Entrée en jouissance d'un acquéreur. — Dans le canton de Chemillé le fermier paie son premier semestre dix-huit mois après son entrée dans la ferme : en conséquence, un acquéreur touchera le premier terme du fermage dix-huit mois après la date de son entrée en jouissance. *1er juin 1907*.

Entretien (Travaux d'). — Le nu-propriétaire ne peut avoir à intervenir dans des travaux d'entretien *(art. 609 C. C.)*, c'est à l'usufruitier qu'ils incombent. *10 novembre 1894*.

Voir : *Réparations d'entretien*.

Etat de lieux. — Un état de lieux peut toujours être dressé lors de la sortie d'un fermier ou d'un locataire, quelqu'ait été la durée de la jouissance bien que le prix de location ait varié. *20 juin 1889*.

— Le fermier doit, à sa sortie, la différence entre l'état constaté à sa sortie et celui de son entrée dans la ferme.

Mais, en droit, le propriétaire ne doit pas la plus-value résultant des améliorations de son fermier. Toutefois les experts doivent s'employer à faire entrer ces améliorations en compensation des indemnités que doit un fermier sortant. *11 novembre 1897*.

— Il est dans les usages de dresser l'état de lieux au cours de la première année de jouissance. Il serait même à désirer qu'il soit fait dans les trois premiers mois. *11 novembre 1898*.

Exploitation à moitié fruits — Le fermier entrant dans une ferme pour l'exploiter à moitié fruits peut réclamer au propriétaire une indemnité pour les travaux préparatoires qu'il est venu faire avant son entrée avec ses propres animaux ; cette indemnité sera calculée au quart du prix normal de ces travaux. *11 novembre 1903*.

— Un fermier à moitié fruits a apporté des fourrages en entrant dans la ferme, il peut réclamer à sa sortie le remboursement de cette avance; il serait même équitable de lui tenir compte des intérêts pendant la durée de l'exploitation.

Mais les fumiers et fourrages produits pendant l'exploitation restent acquis à la propriété sans indemnité. *4 juin 1904.*

— Au moment même d'un changement de fermiers dans une exploitation à moitié fruits un animal vient à périr après la sortie du fermier précédent qui a réglé ses comptes avec le propriétaire, mais avant l'arrivée du fermier successeur : la perte incombe alors au propriétaire seul. *10 novembre 1906.*

Foins. — Il a été constaté à l'entrée d'un fermier qu'il ne trouvait pas sur sa ferme la quantité de foin à laquelle il avait droit, il fut autorisé à enlever, à sa sortie, la même quantité qui lui manquait à son entrée. Si le propriétaire, usant du droit qu'il s'était réservé, veut conserver ce foin, c'est à la valeur du jour de la sortie qu'il devra le payer. *1er juin 1893.*

— Un fermier étant autorisé par son bail à enlever tout ou partie des foins de la dernière récolte, le propriétaire peut néanmoins, usant de son privilège, les conserver en en payant *la valeur au jour de la sortie* du fermier. *1er juin, 11 novembre 1893.*

— Un fermier sortant au 25 mars peut faire consommer les deux tiers des fourrages secs, quelque soit la quantité récoltée. *1er juin 1893.*

— C'est au propriétaire à garantir au fermier entrant le tiers des fourrages auquel il a droit, sauf son recours contre le fermier sortant. *1er juin 1893.*

— Lorsque la majeure partie d'une ferme est en prés submersibles, le fermier a le droit de vendre des fourrages, à la condition de laisser à sa sortie, la même quantité qu'il a reçue à son entrée. *11 novembre 1893.*

— Quand un propriétaire use de son droit de retenir, moyennant paiement, les fourrages qu'un fermier sortant aurait pu enlever, le prix doit être fixé en raison du cours au jour où le fermier quitte son exploitation. *1er juin 1899.*

Fossé. — Voir : *Bornage. 28 mai 1891.*

Fossé mitoyen. — L'un des propriétaires d'un fossé mitoyen n'a pas le droit de faire élever un mur au milieu de ce fossé sans le consentement de son co-propriétaire *(Sirey, table déc. 1871-80, p. 387. Douai 1874). 1er juin 1893.*
— Voir : *Boire, 10 novembre 1894.*
— Voir : *Chemins ruraux.*
— La largeur d'un fossé comprend la sabotée, la propriété voisine commence donc au-delà de cette sabotée.
Notamment la largeur d'un passage ne doit pas comprendre la sabotée dans la largeur de son emplacement. *11 novembre 1897.*

Fourrages. — Un fermier sorti n'a aucun droit sur les fourrages de la récolte de recours. *10 novembre 1906.*
— Bien qu'un fermier n'ait pas trouvé de fourrages lors de son entrée en jouissance, il ne peut en distraire au moment de sa sortie quand dans le bail il est dit :
.... il ne pourra en vendre *même* à sa sortie. *11 novembre 1898.*

— Les racines fourragères doivent être toutes con-sommées au profit de l'exploitation ; un fermier sortant ne peut notamment en vendre, ni en enlever. *1ᵉʳ juin 1899.*

Fraisiers. — Un fermier sortant ne peut détruire un carré de fraisiers en rapport après qu'il y a fait la récolte ; on ne pourrait toutefois lui refuser ce droit si c'était avant la récolte de sa dernière année. *15 juin 1892.*

Fumiers. — Quand (dans le canton de Chalonnes) un fermier n'a pas droit d'ensemencer en sortant, tous les fumiers de l'année depuis le dernier ensemencé doivent rester à l'entrant pour son emblavement, le sortant n'en peut disposer pour ses menus ; il doit pour ceux-ci employer des engrais étrangers. *4 août 1888.*

— Le fermier entrant, dans les cantons Sud-Est et Nord-Est d'Angers, ne peut être tenu de venir depuis la saint Jean qui précède son entrée enlever le fumier des étables du sortant *(par abrogation de l'ancien usage). 4 août 1888.*

— Un fermier doit mettre au minimum un mètre cube de fumier par six ares soixante centiares qu'il veut semer en céréales d'hiver ($1^{mc}500$ sur les chaumes) ; et en cas d'insuffisance de fumier il est tenu de parfaire cette quantité avec des engrais étrangers. *11 no-vembre 1889.*

— Un propriétaire qui a pris l'engagement de payer, à la sortie de son fermier, les fumiers que celui-ci avait le droit d'enlever, aux termes de son bail, doit, s'il veut les conserver, payer tous ceux qui se trouvent sur la ferme, sans pouvoir alléguer qu'il en existe une plus grande quantité que normalement il devrait y en avoir. *5 juin 1890.*

— L'insuffisance de fumier doit être calculée en raison des moyennes suivantes :

Animaux au-dessus d'un an	6^{m^3} par an	
— d'un an à 2 ans	9^{m^3}	—
— au-dessus de 2 ans	12^{m^3}	—

Et pour l'ensemble d'un cheptel = 9^{m^3} par an.

D'autre part,

1.050 kil. de pailles consommées doivent produire $3^{m^3}500$ de fumier;

1.050 kil. de foin consommé doivent produire 2^{m^3} de fumier. *11 novembre 1902.*

Fumure (Défaut de). — Lorsqu'un fermier sortant a des excédents d'ensemencé en redoublement et sans fumure, les trois indemnités sont dues, sauf à l'expert à voir s'il n'y a pas lieu à réduction par suite de cette réunion de trois indemnités. *28 mai 1891.*

Grenier. — Dans tous les cantons, le fermier entrant a droit aux greniers de la ferme pour y mettre son foin, de préférence au sortant. *10 novembre 1888.*

Grande culture. — Dans le canton des Ponts-de-Cé, la grande culture comprend les fermes d'une contenance de neuf hectares et au-delà. *11 novembre 1891.*

Incendie. — Pailles et foins. En cas de sinistre le prix des foins et pailles détruits doit comprendre la valeur de l'achat, le coût du transport et même de l'octroi s'il y a lieu. *10 novembre 1888.*

— Une compagnie d'assurances contre l'incendie ne devrait pas profiter d'une erreur qui se serait glissée dans la police, attribuant à un bâtiment une valeur moindre que celle réelle, si l'ensemble de la propriété était par ailleurs suffisamment assuré et les risques identiques, pour, en cas de sinistre de ce bâtiment, ne payer qu'une indemnité proportionnelle. Cette compagnie devrait alors, *en équité,* payer en entier le dommage éprouvé. *28 mai 1891.*

— En cas d'incendie d'un taillis affermé, la responsabilité en incombe au fermier. *11 novembre 1907.*

Impôts. — La prescription, en ce qui concerne le remboursement d'impôts indûment payés pour le compte d'un autre propriétaire, est de trente ans. *11 novembre 1891.*

Jardin. — Pour une location dont le jardin est la chose principale, le fermier entrant peut prendre possession des parties libres, qui ne peuvent plus rien produire au sortant, à partir du huit septembre. *10 novembre 1888.*

Labours. — Voir : *Ensemencé, 4 août 1888.*

— Un propriétaire doit tolérer qu'un colon sortant fasse, avec les bestiaux à moitié, les labours des choux dans la ferme où il doit entrer. *5 juin 1890.*

— Un fermier entrant ne peut exiger de labours de saison pour une terre semée en trèfle; le sortant a la faculté d'attendre jusqu'en septembre pour la labourer. Cette façon d'agir est même à encourager tant pour les trèfles de deux ans que pour les trèfles d'un an, mais à la condition cependant que cette faculté ne dépasse pas le cinquième des terres à ensemencer. *10 novembre 1894. 13 juin 1895.*

Lin d'hiver. — Le lin d'hiver, dans une année de sortie, doit être compris dans la contenance des céréales d'hiver. *5 juin 1890*.

— Dans l'année de sa sortie, un fermier ne peut faire aucun ensemencé après une récolte de lin. Mais il peut cependant y avoir exception, surtout dans les grandes fermes, où un fermier n'en aurait ensemencé qu'une faible quantité, dans un champ destiné à être mis en entier en froment à la Toussaint suivante. *11 novembre 1892*.

Luzerne. — Un fermier entrant, ni même un propriétaire, ne peut exiger qu'un fermier sortant conserve une luzernière en rapport, semée par lui. Mais on doit engager un fermier sortant à ne pas la détruire. *11 novembre 1893*.

— Les luzernières ne peuvent, pour aucun motif être assimilées aux prairies naturelles. *10 novembre 1894*.

— L'existence de luzernières (à l'exclusion des trèfles) peut autoriser un fermier à semer des céréales d'hiver, tant en cours de bail, qu'en fin de bail, sur des chaumes d'un an et ce sur une étendue correspondant à celle des terres ayant été semées en luzerne ; la rotation triennale se trouve en effet modifiée en partie par ce fait. *10 novembre 1894*.

— Un fermier sortant peut disposer à son gré des foins de luzerne, à la condition de les faire consommer sur place. *4 juin 1896*.

— Voir : *Plantes fourragères*.

Mitoyenneté. — Un propriétaire dont le voisin a pris sur son terrain la moitié de l'épaisseur d'un mur de clôture forcée, peut obliger ce voisin à faire élever ledit mur à la hauteur légale. *28 mai 1891*.

— Voir : *Égoût, 15 juin 1892*. — *Cheminée, 11 novembre 1892*.

— Un scellement sur un mur de façade ne doit pas dépasser le milieu d'un mur mitoyen. *11 décembre 1901*.

Montrée. — Un fermier entrant qui a pris possession des terres destinées à recevoir la plantation des choux, peut faire établir leur état avant d'y avoir fait aucun travail; mais, à défaut de cette constatation, il conserve le droit néanmoins de faire régler les indemnités encore apparentes qui peuvent être dues pour l'état de ces terres (à l'exclusion des clôtures) après son entrée en jouissance effective, en même temps que pour l'ensemble de la ferme. *10 novembre 1888*.

— Une seule visite peut valablement comprendre tout ce qu'il est possible de constater, même pour les terres dont un fermier entrant a pris possession sans constatation préalable. *11 novembre 1904*.

— Un propriétaire ayant déchargé son fermier de montrée pour sa sortie, rentre dans ses droits en cas d'abus de jouissance postérieurs à cette décharge bien constatés de la part du fermier. *10 février 1889*.

— Les indemnités dues par un fermier sortant sont remises, en général, au fermier entrant; mais elles se prescrivent, dans tous les cas par un an; toutefois la répartition entre le propriétaire et le fermier entrant doit se faire en tenant compte de la nature de ces indemnités. *10 février 1889*.

— Il n'y a d'applicable à un fermier que les usages en rapport avec la durée de son bail; de même il ne peut être rendu responsable que des indemnités qui sont la conséquence de sa jouissance. *10 février 1889*.

— En matière de prolongation de baux, le fermier est indéfiniment responsable. Toutefois, les indemnités de réparations aux bâtiments à attribuer au propriétaire ne s'étendent pas au delà du dernier bail. *10 février 1889.*

— Voir : *Etat de lieux. 20 juin 1889.*

— Une exemption générale de montrée ne peut dispenser d'une indemnité pour une malversation non née, une semblable dispense ne peut donc viser que les indemnités dues au jour de la signature de ladite exemption. *5 août 1889.*

— Une décharge de montrée, qui ne comprend pas de distinction, vise aussi bien les réparations locatives que mauvaises herbes, etc... *5 août 1889.*

— En cas de vente d'une propriété, aucune décharge ne peut être opposée par un fermier à l'acquéreur si elle ne lui a été déclarée au moment de la vente. Au cas où il en existerait une, le vendeur demeurerait responsable des conséquences de cette décharge. *11 novembre 1889.*

— Un propriétaire a toujours le droit d'intervenir directement pour régler la sortie de son fermier, puisque celui-ci ne peut traiter que par subrogation. *5 juin 1890.*

— Dans la pratique, on ne fait pas porter une montrée au-delà des trois dernières années si l'assolement est triennal, au-delà des deux dernières s'il est biennal. *11 novembre 1891.*

— Une dispense de montrée, accordée à un fermier lors de la rédaction de son bail, ne peut avoir aucun effet en ce qui concerne les infractions à la loi ou aux usages que pourrait commettre le fermier lui-même ; en somme, cette dispense ne peut guère être prise en considération lors de la sortie de ce fermier que pour les mauvaises herbes dont il serait alors en mesure de prouver l'existence à la date de son entrée. *10 novembre 1898.*

— Un fermier doit laisser sa ferme dans le même état qu'il l'a reçue ; il ne pourrait donc en sortant réclamer aucune indemnité pour les avantages qu'il laisse quand ceux-ci correspondent à ceux qu'il a lui-même reçus. *11 novembre 1903.*

— L'indemnité due pour mauvaises herbes ne doit pas être basées sur le prix d'affermement, mais sur les dommages en résultant pour l'exploitation. *11 novembre 1904.*

Orge. — L'orge, semée au printemps, ne peut être assimilée aux grands blés (céréales d'hiver). *11 movembre 1896.*

Ormeau. — Voir : *Bois émondables. 31 mai 1888.*

— Dans les cantons où il est d'usage d'employer les feuilles d'ormeau à la nourriture des animaux, le fermier sortant peut disposer de la moitié de ces feuilles. *11 novembre 1892.*

Ouvertures. — Un locataire n'a pas le droit de faire condamner des ouvertures qui existaient avant son entrée en jouissance sous prétexte qu'elles ne seraient pas dans des conditions légales. *5 juin 1890.*

— Voir : *Rue. 10 novembre 1894.*

Pacage. — En principe, un fermier ne peut, même en cours de bail faire pacager ses prés, au lieu de les récolter en foin, sans l'autorisation du propriétaire. *11 novembre 1889.*

Pailles. — Quand plusieurs fermes d'une même propriété ont subi des modifications dans leur contenance, la répartition des pailles doit se faire proportionnellement à la contenance des terres labourables de chacune des fermes, par rapport à la contenance totale. *11 novembre 1893.*

— L'article 46 du recueil des usages ruraux de Châteaugontier, modifié en 1887, devra être appliqué à tous les cantons ayant des usages analogues, notamment à l'arrondissement de Segré. Il dit : « Il sera « laissé, à la disposition du fermier sortant, cinquante « kilogrammes de paille par chaque hectare ense- « mencé en froment, en raison des besoins com- « mandés par les animaux naissants ou malades. » *11 novembre 1893.*

— Un fermier sortant, quelque minime que puisse être la contenance des terres labourables, doit laisser des pailles en rapport avec la quantité pouvant provenir de la moitié ou du tiers de ses terres, suivant l'assolement. *11 novembre 1893.*

— Un propriétaire, qui enlèverait de sur sa ferme de la paille de l'avant dernière récolte (par rapport à celle de recours), devrait en indemniser le fermier entrant ou lui donner décharge d'autant. *11 novembre 1895.*

— Un fermier sortant pourra toujours, quel que soit le canton, disposer de 200 kilogrammes de pailles récoltées par hectare ensemencé en froment, à la condition que toutes les vieilles pailles auront déjà été consommées.

Les menues pailles et les épigots sont toujours au fermier entrant. *10 novembre 1900.*

Papiers peints. — Le fait d'avoir tendu des papiers peints sur des murs constitue une amélioration.

Toutefois, dans une ferme, cela pourrait être un embarras.

Dans un hôtel de campagne, on doit le considérer comme une amélioration. *11 novembre 1898.*

Passages. — On ne peut aggraver une servitude. Si un passage est dû en vertu d'un titre, les termes de l'acte en déterminent l'étendue.

A défaut de titre, si la servitude résulte de l'enclave, il appartient au propriétaire du fonds dominant de justifier que l'usage en a déterminé l'assiette. *13 juin 1903.*

Passage. — On doit considérer comme servitude de passage et non pas comme chemin d'exploitation, l'obligation (qui aurait été prescrite par plus de trente ans) de laisser un pré enclavé passer sur une autre parcelle pour l'enlèvement des récoltes.

— Le propriétaire d'un pré enclavé peut, ayant changé la nature de sa propriété, continuer à exercer une servitude de passage équivalente à celle à laquelle il avait droit pour l'enlèvement de son foin, mais il ne peut l'aggraver.

Le propriétaire d'un pré enclavé peut réclamer passage pour le pacager et ce, sans indemnité si la prescription est acquise (or elle est acquise en cas de marques continues et apparentes). *15 juin 1892.*

Pépinières. — Lorsqu'un fermier est tenu, par l'usage, à avoir une pépinière et à planter des arbres, il doit s'y conformer, quand bien même son bail serait muet à cet égard. *28 mai 1891.*

Petite culture. — Dans le canton des Ponts-de-Cé, la petite culture comprend les fermes d'une contenance inférieure à huit ou neuf hectares. *11 novembre 1891.*

Plantations. — Un locataire ou fermier peut enlever, en fin de bail, les plantations faites par ses soins *(C. C. 555)*.

Si, par suite, il a planté dans un champ des vignes et des poiriers en les alternant, il peut enlever les uns et laisser les autres à son gré. *10 novembre 1900.*

— Les plantations le long d'un mur séparatif, même non mitoyen, peuvent être faites sans se préoccuper d'aucune distance, mais à la condition qu'elles ne s'appuient pas sur un mur non mitoyen. *11 décembre 1901.*

Plantations faites par un locataire. — Tout locataire peut enlever les plantations par lui faites sur l'immeuble loué, lorsque le propriétaire n'a pas manifesté, avant la fin du bail, l'intention de les conserver en en payant la valeur. *(Cass. 8 mai 1877 — Sirey, tome 1871-80, p. 80. — Cass. 1885.)* L'expert devra toujours engager le propriétaire à prévenir à temps le fermier ou locataire de son intention de conserver ou de refuser. *11 novembre 1891.*

Plantes fourragères. — Dans le canton des Ponts-de-Cé, un fermier de petite culture peut, l'année de sa sortie, dans la moitié de ses terres non ensemencées en froment, cultiver ce que bon lui semble en racines ou plantes fourragères, telles que rabettes, carottes, betteraves, etc..., à condition de fumer d'une façon complète, eu égard à la nature des plantes. Par exemple, une fumure complète pour betteraves doit être de un mètre cube et demi de fumier, ou son équivalent, par 6 ares 6o. *15 juin 1892.*

— Les graines de plantes fourragères : trèfle, luzerne, sainfoin, etc., se partagent toujours entre les fermiers entrant et sortant, qu'elles soient ou non suivies de froment. *10 novembre 1894.*

Poireaux. — Un fermier qui ne pourrait profiter, avant sa sortie, d'une récolte de poireaux plantés par lui, pourrait enlever lesdits plants de poireaux : sans préjudice de l'indemnité qui pourrait être due pour défaut de fumure. *11 novembre 1893.*

Prairies naturelles. — Il faut, en général, de huit à dix ans pour créer ou reconstituer une prairie naturelle submersible. *31 mai 1888.*

Questions soumises à la Chambre. — Il est recommandé aux membres de la Chambre de faire parvenir au secrétaire, un mois avant chaque réunion, les questions à soumettre à la Chambre, et celui-ci les fera connaître en envoyant la convocation. Faute de quoi, toute question posée séance tenante pourrait être renvoyée à la séance suivante. *13 juin 1895.*

— Une question, au moins, doit être posée à chaque réunion par chaque membre. *11 novembre 1889.*

Rechaumage. — Lorsqu'un fermier sortant a des excédents d'ensemencé en redoublement et sans fumure, les trois indemnités sont dues, sauf à l'expert à voir s'il n'y a pas lieu à réduction sur l'ensemble, par suite de cette réunion de trois indemnités. *28 mai 1891.*

Biennal. — L'existence de luzernières (à l'exclusion des trèfles), peut autoriser un fermier à semer des céréales d'hiver, tant en cours de bail qu'en fin de bail, sur des chaumes d'un an, sur une étendue correspondant à celle des terres ayant été semées en luzerne ; la rotation triennale se trouve, en effet, proportionnellement modifiée en partie par ce fait. *10 novembre 1894.*

— Quand, par suite du rechaumage biennal, il y aura lieu à indemnités, celles-ci varieront du tiers au cinquième du produit, suivant les ciconstances laissées à l'appréciation de l'expert, notamment eu égard à la quantité d'engrais employés. *11 novembre 1896.*

— Un fermier, qui, après une récolte d'avoine de printemps, sème du froment et à nouveau de l'avoine de printemps, n'est pas passible d'indemnité (quoique ce mode de culture ne soit pas à conseiller), du moment qu'il n'y a pas eu deux ensemencés successifs en céréale d'hiver. Mais chaque ensemencé doit être fumé selon l'usage. *17 juin 1897.*

— Quand un fermier laissera à son successeur une luzernière en bon rapport, il ne lui sera pas compté d'indemnités pour excédent dans les ensemencés de l'année de recours en céréales d'hiver jusqu'à concurrence de la contenance correspondant à celle de la luzernière ; seule l'indemnité pour redoublement biennal pourra être exigée néanmoins. *10 juin 1907.*

Réparations — Un fermier ne doit pas les charrois pour l'approche des matériaux nécessaires aux réparations de sa ferme si le bail et les usages sont muets à ce sujet. *10 novembre 1894.*

Réparations (d'entretien). — L'usufruitier est tenu aux réparations d'entretien, lesquelles sont plus considérables que les réparations locatives et comprennent notamment les peintures, mais il n'est pas tenu aux grosses réparations : telles que la réfection d'une fenêtre. *5 juin 1890.*

Réparations (grosses). — Les grosses réparation
sont à la charge du nu-propriétaire, mais celui-ci ne
peut être tenu de les faire pendant l'usufruit. *5 juin
1890.*

Réparations (locatives). — Les réparations
locatives devront toujours être exécutées deux jours
au plus après la sortie d'un fermier ; passé ce temps,
elles seront évaluées en argent. *20 juin 1889.*

— L'entretien des enfaîtaux est, comme celui des
toitures, à la charge du fermier. *20 juin 1889.*

Rue. — Il ne s'en suit pas nécessairement de c
qu'une rue privée a dix mètres de largeur dans une
partie pour qu'un acquéreur auquel son acte donne
droit d'avoir toutes ouvertures sur cette rue puisse
exiger la même largeur vis-à-vis de sa propriété
10 novembre 1894.

Sarclage. — Un propriétaire peut obliger, en cours
de bail, un fermier à faire des sarclages. Il peut même
les faire faire aux frais du fermier, si celui-ci ne les
exécute pas; en ayant recours aux tribunaux. *4 août
1888, 5 juin 1890.*

— Un fermier entrant, subrogé dans les droits du
propriétaire, peut notamment surveiller les sarclage
que doit faire le fermier sortant dans les froments de
sa dernière récolte. *11 décembre 1901.*

Semences. — Les semences à comprendre dans un
règlement de sortie sont non seulement celles mise
en terre avant le départ du fermier, mais encore celles
que celni-ci aurait mises dans un ensemencé fait tardi-
vement après son départ. *13 juin 1903.*

Taillis. — Le buchage des bois doit être fini le 31 mars quand on n'écorce pas, et l'enlèvement doit être terminé le 1er mai, lors même que les usages soient muets à ce sujet.

S'il y a écorçage, il doit être achevé le 1er juillet. Le charbon se fait postérieurement. *11 novembre 1899.*

Talus. — Il n'y a aucune dimension déterminée pour les talus des fossés, la fixation de leur largeur est subordonnée à l'examen des lieux. *28 mai 1891.*

Terres volantes. — Un fermier ne peut être obligé à faire valoir lui-même des terres volantes, il peut les faire faire par des domestiques. *4 août 1888.*

Annexées à un corps de ferme. — Lorsqu'une pièce de terre, autrefois affermée comme terre volante, a été annexée à une closerie ou à une métairie, elle fait définitivement partie de la ferme. *24 mai 1904.*

— Un fermier entrant de terres volantes libres de récoltes ne peut y pénétrer avant le jour fixé pour son entrée en jouissance. Toutefois il est à désirer que cette faculté ne lui soit pas refusée par un fermier sortant du jour où il n'a plus aucun bénéfice à attendre de ses terres. *11 novembre 1895.*

Trèfle. — Lorsqu'un fermier sortant récolte du trèfle à graines, le produit doit en être partagé avec l'entrant qui recevra, sans avoir à contribuer aux frais du battage :

Dans les cantons de Segré, du Louroux, de Chalonnes et d'Angers, la moitié; dans le canton de Saint-Georges-sur-Loire, le quart. *5 août 1888.*

— Tout fermier entrant pourra semer des trèfles dans le dernier ensemencé en grands blés, sauf à payer des indemnités dans les cantons où cette faculté n'était pas accordée avant ce jour, la base de l'indemnité devant être du sixième à la moitié du fermage. *5 juin 1890, 15 juin 1892.*

— Un fermier qui, en dehors de sa ferme, exploite des terres volantes dont il amène les fourrages au centre d'exploitation de la ferme, peut repartir ses fumiers proportionnellement à la contenance de la ferme et des terres volantes annexées, il peut, en fin de bail disposer à son gré des fourrages provenant de récoltes fumées avec des engrais produit par les fourrages et de la ferme et des terres annexées. *4 juin 1896.*

Usages ruraux. — Un fermier doit toujours se conformer aux usages, que son bail le dise ou non. *5 août 1889.*

Vaine pâture. — Dans une prairie naturelle, la vaine pâture ayant été maintenue par décision du Conseil municipal de la commune, en vertu des lois du 9 juillet 1889 et 22 juin 1890, le propriétaire qui voudra conserver son pré pour la seconde herbe devra commencer par se clore ; ensuite laisser, en temps et saison convenables, seulement pour les prés auxquels il le doit, un passage libre pour l'enlèvement de leurs récoltes. *15 juin 1892.*

Vente en détail. — L'acquéreur d'une parcelle de terre, comprise dans un corps de ferme, vendu en détail, avec cette indication dans l'acte : « entrée en « jouissance immédiate par la perception de… francs, « à ajouter au prix de vente, puis par la libre disposition au 1er novembre (un an après) », n'a pas droit aux pailles récoltées avant la prise de possession effective. Cette parcelle doit être considérée comme terre volante. *17 juin 1897.*

— Au cas de vente *en détail* d'une ferme, les pailles appartiennent au vendeur, quand bien même des terres seraient comprises avec des bâtiments. L'acquéreur ne peut prétendre à des fourrages ou à des engrais, que s'il en a été fait mention expresse dans l'acte. *17 juin 1897.*

Vesceau. — Tout fermier entrant pourra semer du vesceau, sauf à payer des indemnités dans les cantons où cette faculté n'était pas accordée avant ce jour ; la base de l'indemnité devant être pour les vesceaux et jarosses, du quart du fermage au maximum. *5 juin 1890.*

— Voir : *Plantes fourragères. 10 novembre 1894.*

— Le vesceau, semé au printemps, ne peut être assimilé aux grands blés (céréales d'hiver); par contre, semé à l'automne et récolté à graines, il doit être assimilé aux céréales d'hiver. *11 novembre 1896.*

Vigne. — Le fermier qui a planté une vigne n'a pas droit, de ce chef, à une indemnité à sa sortie ; il doit même la laisser en bon état. *(Art. 555, c. c.).* *5 juin 1890.*

— Voir : *Plantations faites par un locataire.*

— Les terres plantées en vignes américaines dites porte-greffes et non fructifères ou en plants greffés n'ayant encore produit aucun fruit, quelque soit d'ailleurs la distance entre les plants, doivent être assimilées aux pépinières. En conséquence, le locataire d'un terrain contenant des plants de cette nature, plants-mères non fructifères ou plants greffés n'ayant encore produit aucun fruit, anra toujours le droit d'arracher tout ou partie de ces plants, à quelque époque que ce soit de la durée de son bail, comme aussi à sa sortie, sans que le propriétaire du sol puisse être fondé à les retenir dans les termes de l'art. 555 du Code civil ; mais sous réserve toutefois d'indemnités à payer au propriétaire, pour le cas ou la plantation aurait occasionné quelque préjudice au terrain, tel qu'un défoncement anormal pour la culture ordinaire ; le fermier agit comme s'il avait des arbres en pépinière, lesquels n'accèdent pas au sol et ne cessent pas d'avoir la nature de meubles. *24 mai 1894.*

———

Angers, imp. Germain et G. Grassin. — 1390-8.